PASSA GEIRA

LUA FERREIRA

PASSA GEIRA

LUA FERREIRA

Passageira ©, Lua Ferreira 08/2022
Edição © Crivo Editorial, 08/2022

Edição e Revisão: Amanda Bruno de Mello
Capa: Fábio Brust e Inari Jardani Fraton – Memento Design & Criatividade
Projeto gráfico e diagramação: Lila Bittencourt
Foto da Autora: Acervo pessoal
Coordenação Editorial: Lucas Maroca de Castro

Dados Internacionais de Catalogação na Publicação (CIP) de acordo com ISBD

F383p	Ferreira, Lua
	Passageira / Lua Ferreira. - Belo Horizonte, MG : Crivo Editorial, 2022.
	150 p. ; 13,6cm x 20,4cm.
	ISBN: 978-65-89032-42-7
	1. Literatura brasileira. 2. Poesia. I. Título.
	CDD 869.1
2022-2474	CDU 821.134.3(81)-1

Elaborado por Vagner Rodolfo da Silva - CRB-8/9410

Índice para catálogo sistemático:

1. Literatura brasileira : Poesia 869.1
2. Literatura brasileira : Poesia 821.134.3 (81)-1

Crivo Editorial
Rua Fernandes Tourinho, 602, sala 502
30.112-000 - Funcionários - Belo Horizonte - MG

🌐 www.crivoeditorial.com.br
✉ contato@crivoeditorial.com.br
f facebook.com/crivoeditorial
⧉ instagram.com/crivoeditorial
🌐 crivo-editorial.lojaintegrada.com.br

"porque tantos amaram o encontro ama tu a despedida"

Mar Becker

PREFÁCIO

A poesia de cá renasce do escombro íntimo causado pela primeira partida da vida, e desfalece em um acontecimento meu, seu, nosso; quase que uma servidão às páginas que serão abertas, cortadas como folha fina de papel, como traço fino do tempo se olhado de cima, lugar a que apenas os poetas e as poetas chegam.

Seria eu mais uma incógnita na dialética da sua existência, que por muito menos chamei de deslocamento do meu eu-essência? Acho-me andante e menos eu seria, não fossem as linhas desta poeta que, mais do que me tornar parte, me torna mundo. Ela cria um Deus, invertendo a narrativa da criatura: às mãos que amam, aos seus olhos maduros, verdes. E para os seres quebrados, ela oferece o seu berço e todos os seus erros.

Não se lê *Passageira*, se caminha. Aos olhos da Lua, todo o resto é fagulha; inebriantes letras organizadamente soltas de cuja junção a poeta se despe. Ela, carne nua, crua.

– Passageira, há um caminho pelo qual voltar para sempre.

Eu voltei para casa quando Passageira pelos meus olhos passou. Voltei para casa quando Passageira o meu tempo cruzou. Voltei para casa quando Passageira na minha vida entrou; e passageiro me encontrei.

Em se tratando de viagem, não há poesia que conceitue, porque dos conceitos estamos todos cansados.

E não de olhar para a noite, à Lua livre, sem órbita, desprendida das leis, a da gravidade, a dos homens – a dos poetas não – com luz própria, sem depender de sol: só.

A ela, o tamanho do coração que sangra menos do que tenta; que se alenta mais do que anseia; que se desenha mais do que traços precisos da anatomia. À Passageira, meu nascimento. À Passageira, minhas falhas. À Passageira, meu estado aprendiz, que sabe nada sobre fronteiras, nem barreiras febris; que me observa silhueta à sombra da noite menos escura das nossas vidas.

Luanna é um sopro no começo e no fim, como um século é para a história. É minha memória, como se fosse uma peixinha aparentemente frágil observando a correnteza, sendo ali sua própria mãe e seu próprio pai. Ela me ouve sem estar perto, ela nos traça e nos versa; desbrava todo o mal no rompante de uma paixão à primeira lida, na ideia fixa de uma revolução amada, querendo dizer de menos ao coração que transborda de invasões, estranhos intrusos que nos tomam quando cegos às imperfeições dos outros, enaltecida perfeição que não se sustenta, mas acalma o espelho.

A Luanna poeta me foi Passageira antes, voz antes, também olhos que agraciam e maculam os insensíveis. Somos todos parte da estação. E quando na prévia ela me perguntou qual nome daria ao livro, foi só olhar para a sua poesia para lhe dizer: o nome você já tem, *Passageira*.

Tadeu Rodrigues
Maio de 2021

PARTE 1

PONTO MORTO

estou indo embora
só você não vê
só você não
só você

só

construir
uma ponte
em mim mesma
pra eu não me afogar

o poeta
voa no poema
para não morrer de chão

ponto morto

um para sempre no passado
para tudo

eu luto
quase sempre ganho
quase sempre perco
de mim

no paraíso
cultivar o fruto
expulsar os deuses
matar a fome

no paraíso
o paraíso

não quero nada
que me pertença
já tenho tudo
o que não é meu

Queria te doar todos os sorrisos
mas sou um choro contido.

Dor que não passa
dói.

sei que minha intensidade queima
mas se não era pra queimar
por que brincou com fogo?

Bloco de notas:

segurar a onda e evitar
desnecessárias ressacas

A vida mostra quem vem pra ficar.
Não adianta obrigar.
Aos que reconhecem o valor de um lar,
ofereça moradia;
aos demais, cortesia:
au revoir

É tarde! Descansa!
Chega de esperar
por quem nunca chegou.

A mim pertencem as mãos
Que destroem e reconstroem
O meu mundo.

Eu, que a esfinge devorei,
não encontro quem saiba
me decifrar.

Despertei vespertina
e quando me dei por lua
adormeci.

Onde te deixaste?
Em que parte partiste
e deste lugar à saudade?
Vê! Não te encontras
pois não tens coragem.
Segue, então, querida,
teu lugar é perdida.

sinto falta dos seus olhos
e você não vê.

Não vivo de lembrança
Mas morro de saudade

se as nossas vontades
encurtassem caminhos
a distância não falaria
o nosso nome.

coisa terrível é sorrir ferido
tão mais fácil assoprar

Eu sinto algo maior que a fome
Eu sinto algo que me devora

O que não vivemos é tudo o que nos falta.

não sei nada sobre o amor
a cor dos olhos
em que pés anda

o amor é uma lembrança inventada
por teus olhos
por teus pés

não sei nada sobre o amor
nunca soube sobre ti

o teu coração
em outra estação
pra mim é inverno

antes a gente se guiava
pelo calendário da parede da cozinha
e o tempo cozinhava ali de pé

hoje tudo habita numa tela
inclusive você

que falta o tempo faz

seguimos erguendo paredes
entre nós
como se desconhecêssemos
o que é concreto

Minha alma bagunçada
Ora pesa uma tonelada
Ora voa na passarada

al mar

não construir infinitos
sobre a areia

Tem gente que se acha
Eu me perco

minhas asas
sua beleza
sol e cera

é um pedido de desculpas
que não é tímido nem escancarado
ainda assim é um pedido
decerto não haverá compreensão
visto que não se podem entender as coisas
que escritas não descrevemos

dito isto recolho-me
porque rasguei o teu ventre
e devorei a luz que nunca foi sua
mas que queima e brilha e cega e acerta
a sua alma e a minha e nos faz cúmplices
de delitos distintos

é sim por vaidade que firo e esmoreço
e talvez por vaidade peço suplico não rezo

ainda assim dói-me e vejo-me
em carne e sangue de outras vidas
misturados ao meu coração

o meu coração
por pouco doce por tanto fel

despeço-me dizendo e não falo
perdoa-me

tropecei em mim
me tirei do caminho
e segui só

você disse pra eu falar da vida
do começo
da estrada
dos faróis anacrônicos
você disse pra eu falar de como aprendi a nadar
aos 36 anos de idade
em um ano em que não é possível tomar fôlego
você disse pra eu falar da infância
se feliz
se ferida
você disse pra eu falar do meu quarto apertado
da cerâmica rachada da casa dos meus pais
você disse pra eu falar da sorte
da minha criança interior
da minha criança exterior
das minhas plantas
dos meus livros
dos meus filmes
e da minha música
preferida
você disse pra eu falar
da minha roupa especial
das minhas fotografias
das viagens que nunca fiz
dos sonhos
dos medos
da vaidade
você disse pra eu falar da lista de compras
do supermercado
da comida de que mais
gosto
do sabor que tem o cajá-manga
na minha boca
você disse pra eu falar do gosto

dos meus fracassos
você disse pra eu falar de mim
você disse pra eu falar de como fico
quando você não está aqui
e eu me calei

Aquela que não é triste
Não é feliz também
Aquela que sempre insiste
Desiste do que convém
Aquela que foi dela
Dela se perdeu
Aquela não mais querida
Nela não morreu
Aquela que não é triste
Não é feliz também
Aquela que sempre insiste...
Aquela sou eu

soltar o fôlego devagar
para não virar fumaça

noutro dia encontrei a felicidade. e chorei.
juro. eu chorei. e a felicidade se assustou.
a felicidade se assustou de tanto que eu chorei.
e a felicidade se foi. a felicidade se foi de tanto
que eu chorei. e eu chorei mais forte.

encontrar uma sombra na espera

este dia que brilha também arde
o preço da luz é o fogo

Se não puderes ser verdade,
sê silêncio.

parte de tudo o que a gente é
é partida

aqui as noites são longas
não têm pressa
maltratam quem espera
do lado errado da cama.

você diz
rio
e **chora**
incompreendida

de repente
chuva forte
não consegui proteger
os olhos

você entrou em minha vida
e nada mais me coube
inclusive eu mesma

eu não posso viver sem mim
sem meus espaços bagunçados
cômodos inacabados
molduras quebradas
e sem o lixo amontoado
atrás da porta da lavanderia

eu sou uma bagunça completa
não um vazio em expansão

eu não te falo do meu amor
tu não me dizes da tua saudade
e assim vivemos
usando as palavras erradas

você precisa ter calma
a vida mal começou
você precisar respirar
a vida mal começou
calma, muita calma
respira, agradece
você precisa ter calma
a vida mal começou
respira, respira
calma, calma
a vida nem sempre começa bem

sou mulher rasgada
de manias estranhas
choro para secar minhas
feridas

tem gente
que chega
para partir
o co-ra-ção

o peito aperta
nessa profunda incompreensão
que é viver
que é lançar-se no escuro

perco os passos
os pés, o chão
a esperança de reencontrar o caminho
de reencontrar-me

os medos não passam
me calo, paro
e vivo como passageira
da vida que corre em mim

Tua ausência é a minha mais presente lembrança.

– quanto tempo você passa debaixo d'água?
– o suficiente para afogar as mágoas.

a paixão sempre oferece
novos ares
antes de tirar
todo o fôlego

centelha

disse eu te amo
de súbito
num lampejo de um raio
que não cai duas vezes
no mesmo lugar

deixo a flor
a carta
a memória
deixo o poema
esculpido
em dor
deixo o início
o fim
a história
deixo tudo
e não me deixo
vou

PARTE 2

CINESIA

nós
avessos ao fim
criando começos

tuas mãos são suaves o bastante para tornar leve
a mais dura das travessias

a porta aberta
meio copo d'água sobre a mesa

antes que invadas todos os espaços
mata parte da tua sede
depois
mantém viva a minha fome

o peso do meu corpo ofereço-te
sem pesar

controlar
o volume do fogo
sem apagar a chama
que tece nossa espera

apartamento 706

abri e fechei as portas do paraíso

tantas coisas
profundas sobre o amor
e eu aqui
pairando sobre o teu corpo

amei suas omoplatas
antes de conhecer anatomia

misturar à memória os suores
as salivas, a temperatura aquecida dos corpos
que na pressa de amar
esquecem do tempo

criar a partir daí uma lembrança
que não percorra a cervical com desconfortos
sensação comum aos deslocados

revelar à pele o que não é pele
e ao gozo o que está além

verter a voz num sussurro, transformando-a
sem qualquer gesto
numa moldura
depois de incorporá-la à sorte inflamada
dos que perdem as palavras

é possível ceder à paixão
quando amar não é loucura

silêncio em chamas

teu nome me consome

deste ao meu sorriso
um lugar elevado
desde que desenhaste
um rastro
de via láctea na minha coxa
esquerda
e na pretensão de algo maior
que versejar o vento
me lancei em tempestades
depois de dominar
os teus lençóis celestes
e de novo me lanço
lanço a minha pele sem medo
das precipitações
do tombo
do rasgo
da garganta seca
e da mudez translúcida da lágrima
hoje tu és o meu voo
minhas asas
e o chão
da mais alta montanha
onde repousa
a minha lua

pela beleza
de toda abstração
eu me arrepio inteira
por tudo o que é concreto
e me toca
eu me desmancho

ensina-me as coisas
que não sei
as palavras que não digo
pelo medo
do som destemperado
da minha voz
ensina-me a escrever
com os olhos embaçados
pelas chuvas que acinzentam
a esperança dos meus olhos
os teus olhos são castanhos
eu sei
agora ensina-me a nadar

tu que balanças no meu peito
nunca dormes?

abraçar-me profundamente
sentir minhas costelas
dedilhá-las
tatear a minha face
fechar os meus olhos
circundar as suas órbitas
enxergar os meus vazios
preenchê-los de mim

da tua carne
quero a parte
que me cabe

o café entornado
sobre a mesa
diz muito
sobre a nossa fome

derramo-me às suas margens
desfazendo e refazendo percursos
num loop de prazeres
e mais além
sento-me para secar os pés
enquanto o sol se põe

Dá-me asas
Dou-te céus

amor
leito dos sonhadores
não adormeça

tenho amor e por ele falo
que assim são ditas as coisas do peito
este lugar que é o teu nome

falo para que escutes
e que o mundo não nos cale
por isso sussurro
as coisas ditas com fervor alcançam
a contemplação dos santos?

os santos, não sei pelo que clamam
mas se nos escutam, basta
porque ainda que a espera seja céu de poesia
é também inferno de expectativa

clamo, pois se a incredulidade foi palco
da nossa vida
não será altar para o nosso amor
este incenso que agora arde

teu rosto
é uma lembrança
que resiste
a mim

luz do sol
comprimentos de ondas
partículas de areia
micro-organismos nas águas

de que cor é o mar
nos teus olhos castanhos?

tens um sorriso que evapora
uma espécie de felicidade etérea
que toma outros espaços
e te toma em ondas estranhas
uma forma celestial
que contraria os elementos
de pertencimento
e rompe as matérias que se dizem brutas
e não és pura nem divina
ainda que mágica

o sol apareceu
não disse nada
e brilhou

não escrevo poemas
desconheço as estruturas
que os sustentam
escrevo uma qualquer coisa
que se abala facilmente
com o seu nome

das palavras que
escrevo
as que amei
todas te amaram

se amar é descuido
quebrei todos os copos

Despreza qualquer convicção
e deixa as razões nuas;
as minhas e as tuas.
Calça um par de incertezas
e caminha comigo mil léguas
sem traçar destinos.
O amor é a sorte dos insensatos.

quando as vontades
falam a mesma língua
o beijo é início de conversa

voar de olhos fechados
como quem sabe em que coração
pousar

Vivo falando sozinha
Cansei de fazer mistério

Eu tento ser dura,
mas o amor em mim
é queda; me quebra.
Nem pedra nem bruta.

Livre é o vento
que não se prende
nem às estações.

Ao dia dou um par de pés
e alguns minutos ao sol
para pintar de dourado
as unhas.

Fiz um poema feliz
Te dei os créditos

Teus desertos
Me dizem
Oásis

Nas fases
da minha Lua
eu sou sempre sua

manhãs
e nossos hálitos
celebram a chuva
das nossas noites
de sol

Destino é lugar de encontro que a gente cria.

Amor é ponte.
Nós passamos,
ele fica.

Um arrepio nunca disfarça o que sente.

a gente podia
fazer coisas do amor
até o amor
fazer coisas da gente

às vezes
quando me liberto de mim
sou tão livre

se não temes o caminho
celebra o vento

toca-me a realidade
como grama orvalhada.
a realidade é úmida.

Passarinho parado
Leva o voo no bico

vejo-te
toco-te
e na retribuição dos gestos
o amor é elo

Tens o gosto
das manhãs amanhecidas
sem o despertar das obrigações.

você
que sempre passa
pelo meu coração
fica?

Todo caos
Movimenta
Um céu estrelado
Em si mesmo

vou celebrar o seu nome.

você, que enche os meus dias de fé.
que domina o tempo sobre as flores
e que circunda com espadas as portas de muitas casas.

seu cheiro está em muitas especiarias
as que usa para temperar os dias dos pequeninos
e os meus.

você, que domina a poesia e tantas outras solenidades
enquanto confunde o som das vogais.

celebro o seu nome, pois celebro o amor.

tem um beijo
no meu batom.
tem um batom
no teu sorriso.

Palavra só entende de amor quando faz poesia.

o que me diz sua pele
sobre primaveras
nem as rosas sabem.

da vida quero sol, sal
e um amor que não me deixe
à deriva.

o silêncio que anuncia o beijo
quero gritar.

domingo é morno
mas perto do mar venta

Em tudo me deixo.
Tudo o que toquei carrega o meu nome.
Você carrega o meu nome.
Estou em algum lugar
das suas pestanas.

você na multidão
é a multidão.

como se não bastasse
ser encontro
foi amor.

se juntos tocamos a distância,
tocamo-nos?

espero-te de longe
até que longe seja perto
e perto seja dentro.

quando chegar
se deixe.

Quando eu perder os sentidos
nas curvas da sua voz,
diga o que quiser,
esqueça o meu nome;
estou no destino.

não sei fazer canção
mas sei criar o tom
pra te fazer dançar.

existe um mundo
dentro de tudo
o que me cabe

Não me roubou sorrisos
Me devolveu a felicidade

pintei meu abismo de céu e subi

fui qualquer coisa
antes de ser
para o amor
tudo

o amor é um deus rendido.

gosto de quem me chama pelo nome
e me deixa com gosto de céu.

sobressalto

caí por você

14/01

minha melhor noite de amor
foi numa tarde.

teus outros milagres não digo.

somos a medida certa
de tudo o que extravasa.

poeminha da manhã

você me acorda pra vida

uma lua
cheia de si
faz da noite
o céu

O dia é um poema que muda de cor.

crescer até chegar ao meu tamanho

Na brevidade do tempo
Teu amor me eterniza

Este livro foi composto em Kaisei HarunoUmi e Modesto.
Sua capa foi impressa em papel Cartão Supremo 250g e
seu miolo em papel Pólen Natural 80g. Livro impresso em
agosto de 2022 pela Crivo Editorial.